Bettina Haefele/Maria Wolf-Filsinger

Aller Kindergarten-Anfang ist schwer

Hilfen für Eltern und Erzieher

Don Bosco Verlag

Die Deutsche Bibliothek – CIP-Einheitsaufnahme

Haefele, Bettina:
Aller Kindergarten-Anfang ist schwer : Hilfen für Eltern und Erzieher / Bettina Haefele ; Maria Wolf-Filsinger.
– 6. Aufl. – München : Don-Bosco-Verl., 1997
 ISBN 3-7698-0533-X
NE: Wolf-Filsinger, Maria:

6. Auflage 1997 / ISBN 3-7698-0533-X
© by Don Bosco Verlag, München
Gesamtherstellung: Salesianer Druck, Ensdorf

Gedruckt auf chlorfrei gebleichtem, umweltfreundlichem Papier.

Inhalt

Vorwort 7

I. Die Schritt-für-Schritt-Strategie der Neulinge 9
   *1. Was passiert im Kindergarten in den
   ersten vier Wochen?* 10
      Die erste Woche: ,,Vorsicht ist die Mutter
      der Porzellankiste" oder ‚die Orientierungsphase' 10
      Die zweite Woche: ,,Hoppla, jetzt komm ich!"
      oder ‚die Durchsetzungskrise' 12
      Die dritte Woche: ,,Mit Geschick und Spucke
      fängt man eine Mucke" oder ‚von allgemeinen
      zu besonderen Maßnahmen' 14
      Die vierte Woche: ,,Übung macht den Meister"
      oder ‚der Alltag kehrt wieder ein' 17
   2. Was passiert zu Hause in den ersten vier Wochen? 19
      Die erste Woche: ,,Feierabend! – Gott sei Dank!"
      oder ‚der Wunsch nach Ruhe' 19
      Die zweite Woche: ,,Ich weiß nicht,
      was soll das bedeuten, daß ich so traurig bin..."
      oder ‚die innere Krise' 20
      Die dritte und vierte Woche:
      ,,Die Folgen der geschlagenen Schlacht"
      oder ‚Erschöpfung und Erholungsbedürfnis' 22
   *3. Wie hängt das Verhalten der Kinder
   im Kindergarten mit dem Verhalten zu Hause
   zusammen?* 23

**II. Welche Zusammenhänge lassen sich zwischen dem
Kindergarten-Eintritt und der bisherigen
Lebenssituation der Kinder erkennen?** 29
   *1. Welche Bedingungen erleichtern den Übergang
   von der Familie zum Kindergarten?* 30
   *2. Welche Umstände können die Umstellung auf den
   Kindergarten erschweren?* 34

**III. Womit können Eltern und Erzieher das Kind
    in seinen Eingliederungsbemühungen unterstützen?** 39
  1. Was können Erzieher im Kindergarten tun? 41
    (1) Kontakt zu den Eltern 41
    (2) Orientierung erleichtern 41
    (3) Rückzug ermöglichen 42
    (4) Geeignete ‚Modell-Personen' anbieten 42
    (5) Brücke von der alten zur neuen Woche bauen 42
    (6) Elternarbeit zu aktuellen Erziehungsfragen 43
  2. Was können Eltern zu Hause tun? 45
    (1) Trennung üben 45
    (2) Umgang mit Kindern üben 46
    (3) Bekanntmachen mit dem Kindergarten 46
    (4) Rücksicht auf körperliche Belastbarkeit 48
    (5) Vermeiden zusätzlicher Belastungen 48

**IV. „Ende gut, alles gut?!" oder
    ‚die Bedeutung der Kindergartenzeit'** 49

Anhang 55
  Vorschlag für einen Elternbrief 56
  Das ,,Wo-ist-was-Spiel" für die
  erste Kindergartenwoche 57
  Puppentheater:
  ‚Der Kasper will in den Kindergarten' 58

Achtung!
Sollten Sie beim Lesen auf einen vorlauten Knilch stoßen,
schenken Sie ihm nicht allzuviel Beachtung, da er sonst zu
aufdringlich werden könnte.
Übrigens: Sein Name ist – Hugo Moser (H. M.).

Vorwort

Mit dem Eintritt in den Kindergarten erfolgt der erste Schritt in die Gesellschaft. Dieses Ereignis bedeutet jedoch nicht nur für die betroffenen Kinder eine Neu-Orientierung und Umstellung, sondern wirft auch vielfältige Probleme für Eltern und Erzieher auf. Viele Eltern stellen fest, daß sich ihr frischgebakkenes Kindergartenkind plötzlich anders verhält, und fragen sich: ,,Ist dieses Verhalten normal?" – ,,Verkraftet unser Kind den Kindergartenbesuch?" – ,,Was sollen wir tun?"
Ähnliche Probleme stellen sich auch den Erziehern: Der Beginn eines neuen Kindergartenjahres ist gefürchtet, weil die meisten Neulinge Umstellungsschwierigkeiten haben, und zwar jeder auf seine Weise: Denn jedes Kind bewältigt den Kindergarten-Eintritt so, wie es seinen bisherigen Lebenserfahrungen, seiner Persönlichkeit und Eigenart entspricht.

,,Der Neuling"

Bei dem Versuch, den Neulingen den Übergang von der Familie zum Kindergarten zu erleichtern, können sich Erzieher in der Regel auf Erfahrungswerte stützen, Eltern jedoch nicht. Damit Eltern und Erzieher praktische Hilfestellung leisten können, müssen sie wissen, welche Prozesse der Kindergarten-Eintritt normalerweise in Gang setzt. Natürlich haben wir viele Verhaltensschattierungen beobachtet, dennoch sind grundlegende, allgemeingültige Mechanismen sichtbar geworden.
Ziele dieses Büchleins sind:
1. Über den Ablauf der Eingliederung zu informieren,
2. Zusammenhänge zwischen dem Verhalten beim Kindergarten-Eintritt und der Lebenssituation des Kindes aufzuzeigen und
3. daraus praktische Hilfestellungen und konkrete Vorschläge abzuleiten.

Die folgenden Ausführungen basieren auf den Ergebnissen zweier empirischer Diplomarbeiten (1983/84) im Rahmen des Psychologiestudiums. Sie stützen sich auf Beobachtungen und Befragungen von Eltern und Erziehern bei ca. 50 Neulingen in den ersten vier Wochen des Kindergartenbesuchs.

Es ist keineswegs unser Anliegen, Sie als Eltern davon abzubringen, sich für einen Kindergartenbesuch Ihres Kindes zu entscheiden. Vielmehr möchten wir Sie mit diesem Büchlein zu diesem Schritt ermutigen und Sie darin unterstützen.

Wenn Eltern und Erzieher sich vor Augen halten, daß die Kindergartenzeit insgesamt für die Kinder ein großer Gewinn ist, so können sie den in den ersten Wochen zu erwartenden Eingliederungsschwierigkeiten gelassener entgegensehen.

Wir hoffen, daß wir mit diesem Büchlein den geplagten Eltern und Erziehern von Kindergartenkindern entgegenkommen.

Bettina Haefele
Maria Wolf-Filsinger

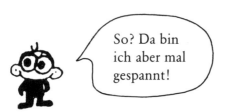

I. Die Schritt-für-Schritt-Strategie der Neulinge

In diesem Kapitel geht es darum, die einzelnen Stationen der Eingliederung in den Kindergarten zu beschreiben. Die neuen Erfahrungen, die ein Kind im Kindergarten macht, hinterlassen auch zu Hause deutliche Spuren im Verhalten.
Da es sich um zwei sehr unterschiedliche Situationen handelt – die im Kindergarten einerseits und die zu Hause andererseits –, kann man vermuten, daß sich die Kinder in diesen Situationen unterschiedlich verhalten. Aus dieser Überlegung heraus betrachten wir das Verhalten der Kinder zunächst nach Situationen getrennt, bevor wir es miteinander vergleichen.

1. Was passiert im Kindergarten in den ersten vier Wochen?

Die erste Woche: „Vorsicht ist die Mutter der Porzellankiste" oder ‚die Orientierungsphase'

In der ersten Woche warten die Neulinge zunächst ab, halten sich im Hintergrund und beobachten das Kindergartengeschehen aus der Ferne. Da ihnen der Kindergartenalltag nicht geheuer ist, beteiligen sie sich noch nicht von sich aus an Aktivitäten mit anderen Kindern. Vielmehr müssen die Neuen erst einmal die vielen auf sie einstürmenden Reize in ihrer Bedeutung erfassen und auf Gefahrensignale hin überprüfen. So findet sich der Neuling in einem ihm fremden, großen Gebäude mit vielen Türen und unbekannten Räumen wieder, wo er sich verirren und verlorengehen kann. Als eines unter vielen soll er sich mit seinen Wünschen und Bedürfnissen an eine fremde Person wenden, die von einer Unmenge lärmender Kinder belagert wird. In einer solchen Situation kann z. B. das Bedürfnis, auf die Toilette gehen zu müssen, zu einem schier unüberwindlichen Problem werden.

Die Kinder sind in der ersten Woche ständig bemüht, das sie umgebende Chaos zu entwirren und zu ordnen. Zu diesem Zweck beziehen sie gleichsam einen ‚Beobachterposten'. Aus sicherem Abstand heraus versuchen sie, die Ereignisse im Kindergarten danach zu beurteilen, inwieweit sie mit früheren Ereignissen und Erfahrungen vergleichbar sind. Je nachdem, wie sehr ihre Vorerfahrungen mit der momentanen Situation übereinstimmen, können die Neulinge altbekannte und bewährte Verhaltensmuster einsetzen oder müssen neue entwickeln.

Die Zurückhaltung der Kinder im Umgang mit den andern ist also sinnvoll, weil sie eine ungehinderte Informationsaufnahme garantiert. So können sich die Neulinge voll und ganz auf die im Kindergarten herrschenden Spielregeln konzentrieren. Ohne diese erste Orientierung sind soziale Eingliederungsbemühungen nicht möglich: Erst wenn sich die Neuen sicher fühlen, die mit dem Kindergarten-Eintritt verbundenen Anforderun-

"Orientierungsphase"

gen (Trennung von der vertrauten Bezugsperson, neue räumliche Umgebung, neue zusätzliche Bezugsperson, neue soziale Rolle und damit verbundene Erwartungen) bewältigen zu können, sind sie bereit, erste Kontaktversuche zu unternehmen und eine mögliche Ablehnung zu riskieren.

Die Kinder, die den Kindergarten schon länger besuchen, zeigen Verständnis für die besondere Situation der Neuen. Sie ‚beschnuppern' die neuen Kinder und sind Spielregelverletzungen gegenüber noch tolerant.

Welche Beobachtungen für die erste Orientierungsphase im Kindergarten typisch sind, wollen wir im folgenden an einigen konkreten Beispielen verdeutlichen:

‚Das neue Kind...'

○ ... versucht nicht von sich aus Kontakte mit anderen Kindern zu knüpfen.

○ ... interessiert sich nicht für die Aktivitäten anderer Kinder.
○ ... zeigt anderen Kindern nicht, daß es sie gern hat.
○ ... erzählt nicht von sich aus von seinen Erlebnissen.
○ ... spielt nicht intensiv und ausdauernd.
○ ... spricht sehr leise.

Die zweite Woche: „Hoppla, jetzt komm ich!" oder ‚die Durchsetzungskrise'

Nachdem sich die Neulinge mit den Räumlichkeiten vertraut gemacht haben und die wichtigsten Spielregeln des Kindergartenalltags kennen, gehen sie nun mehr aus sich heraus und starten die ersten Kontaktversuche. Sie setzen alle ihnen zur Verfügung stehenden Mittel ein, um in die bestehende Gruppe aufgenommen zu werden. Ihre Möglichkeiten reichen dabei von Sich-interessant-und-beliebt-Machen über Sich-Einschmeicheln bis hin zur Nachahmung ‚alteingesessener' Kindergartenkinder. Die Neuen versuchen, die Aufmerksamkeit auf sich zu lenken und sich ‚in Szene zu setzen'. Allerdings müssen sie dann damit rechnen, daß sie anecken: Zum einen führt ein solches Verhalten zu Konkurrenz mit den anderen Neulingen, die ebenfalls ‚ankommen' wollen; zum andern geraten sie in Konflikte und Rivalitäten mit den langjährigen Kindergartenkindern, die ihr Ansehen in der Gruppe gefährdet sehen und deshalb ihre Schonhaltung den Neuen gegenüber aufgeben. Die Situation spitzt sich zu. Der Machtkampf um eine angesehene soziale Position (Anführer, Gruppenclown etc.) findet vor allem in der zweiten Woche statt.

„Eingliederungsbemühung"

Die Durchsetzungsversuche erfordern den vollen Einsatz der Kinder und zehren an ihren Kräften. Das Hin und Her der Auseinandersetzungen läßt die Kinder unausgeglichen und empfindlich werden und zeigt sich auch in körperlicher Erschöpfung.
In dieser Phase machen die Erzieher(innen) in stärkerem Umfang als gewohnt die Erfahrung, zum Schlichten von Streitereien herangezogen zu werden: Zum einen kommt es – wie bereits erwähnt – in dieser Phase sowieso vermehrt zu Konflikten, zum andern sind die Neuen (noch) zu unerfahren, um die Streitereien unter sich auszumachen.

Charakteristische Verhaltensweisen in dieser Durchsetzungsphase sind:

‚Das neue Kind...'
○ ... versucht mit allen Mitteln Aufmerksamkeit auf sich zu lenken.
○ ... gibt von sich aus anderen Geschenke (z. B. selbstgemaltes Bild, Bonbon etc.).
○ ... erzählt von sich aus von seinen Erlebnissen.
○ ... äußert Wünsche in angemessener Form, z. B. fragt es, ob es mitspielen darf.
○ ... kann sich schwer durchsetzen und wehrt sich nicht.
○ ... sucht Schutz und Hilfe bei Erwachsenen, wenn es mit anderen Kindern Schwierigkeiten hat.
○ ... weint leicht.
○ ... hat starke Stimmungsschwankungen von jetzt auf nachher.
○ ... ermüdet schnell.

Die dritte Woche: „Mit Geschick und Spucke fängt man eine Mucke" oder ‚von allgemeinen zu besonderen Maßnahmen'

Nach den beiden ersten ereignisreichen und anstrengenden Wochen sind die Hauptauseinandersetzungen vorüber. Die alteingesessenen Kinder haben inzwischen von den Neuen Notiz genommen. Mit zunehmender Kindergartenerfahrung haben die Neulinge Einblick in das Rollen- und Machtgefüge der Gruppe gewonnen. Sie wissen nun, welche Kinder angesehen und beliebt sind und welche einen starken Einfluß auf die Gruppe ausüben. Dieses Wissen nutzen sie für sich. Während sie zu Beginn ihres Kindergartenbesuchs keine Unterschiede machten und mit allen Kindern gut auszukommen versuchten, gehen sie ab diesem Zeitpunkt zu gezielteren Eingliederungsbemühungen über, indem sie vor allem angesehenen Kindern den Hof machen. Ihr Ziel ist es, die bisher erreichte Position in der

Gruppe zu festigen und auszubauen. So zeigen sie sich gerne im Gefolge der beliebten Kinder und hoffen auf diese Weise, etwas von deren Attraktivität abzubekommen und sich so aufzuwerten. Um das erwählte Vorbild auf sich aufmerksam zu machen, überhäufen sie es mit Geschenken und anderen Zuneigungsbeweisen. Die Neuen nehmen bei den Kindergarten-Autoritäten so etwas wie eine ‚Satelliten-Rolle' ein: Sie umschwärmen sie und richten sich nach ihnen aus.

„Besondere Maßnahmen"

Diese Gunstbezeugungen beanspruchen jedoch die volle Aufmerksamkeit der Neulinge, so daß ‚Gut-Wetter-Aktionen' und allgemeine Bemühungen um die *gesamte* Gruppe nachlassen. Die Neuen können in dieser Phase den anderen, weniger attraktiven Kindern gegenüber nicht mehr so zuvorkommend und aufgeschlossen sein.

> Wie könnt's auch anders sein – Beziehungen!

Verhaltensweisen, die sich in der dritten Woche auffällig häufen, sind zum Beispiel folgende:

‚Das neue Kind...'
- ○ ... gibt von sich aus anderen Geschenke (z. B. selbstgemaltes Bild, Bonbon etc.).
- ○ ... zeigt anderen Kindern, daß es sie gern hat.
- ○ ... nimmt andere Kinder zum Vorbild, übernimmt z. B. deren Gewohnheiten.
- ○ ... interessiert sich für die Aktivitäten anderer Kinder.

Gleichzeitig lassen sich unter anderem folgende Beobachtungen machen:

‚Das neue Kind...'
- ○ ... erzählt von sich aus seltener von seinen Erlebnissen.
- ○ ... äußert Wünsche in eher unangemessener Form.
- ○ ... versucht von sich aus seltener Kontakte mit anderen Kindern zu knüpfen.

Die vierte Woche: „Übung macht den Meister" oder ‚der Alltag kehrt wieder ein'

Die meisten Neulinge scheinen sich nach vierwöchigem Kindergartenbesuch soweit eingewöhnt zu haben, daß die größten Anfangsschwierigkeiten überwunden sind. ‚Normalisierungsprozesse' zeigen sich in sämtlichen Verhaltensbereichen.
Nach vier Wochen kommen die Kinder mit dem Kindergartengeschehen zurecht. Inzwischen kennen sie die Räumlichkeiten; sie wissen, in welche Gruppe sie gehören; sie sind mit der Erzieherin vertraut, und die meisten Kinder sind ihnen bekannt. Sie können die Umgangsformen und Spielregeln im Kindergarten einschätzen und zum Teil bereits selbst anwenden, so daß sie auf das ausschließliche Sammeln von Informationen nicht mehr so angewiesen sind wie zu Beginn ihres Kindergartenaufenthalts. Ihre eigene Position innerhalb der Gruppe ist vorerst einmal in groben Zügen geklärt, wobei Spielräume bleiben. Da die größten Unsicherheiten damit aus dem Weg geräumt sind, können sich die Neulinge anderen Kindern anschließen. Die Neuen wirken jetzt aufgeschlossener, lebhafter und ausgeglichener. Anzeichen körperlicher Erschöpfung lassen sich seltener beobachten. Die Bemühungen um angesehene Kinder haben wohl zu sozialer Anerkennung geführt, so daß sich ihr Engagement in dieser Richtung wieder verringert.
Insgesamt scheinen die *grundlegenden* Schritte der Eingliederung mit der vierten Woche des Kindergartenbesuchs vollzogen zu sein. Dafür spricht auch die Tatsache, daß sich aus der Sicht der Erzieherinnen zwei Drittel der an der Untersuchung beteiligten Neulinge ,,gut" bzw. ,,sehr gut" eingelebt hatten.
Bei der Beschreibung der Eingliederungsschritte im Kindergarten wird deutlich, daß die Neulinge in diesem Geschehen eine *aktive* Rolle übernehmen. Natürlich hängt dabei das Verhalten der Neuen auch in hohem Maß von den Reaktionen der Kindergartengruppe und der Erzieherin ab. Die beschriebenen Verhaltensweisen sind jedoch nicht als ‚bewußte' und ‚wohl überlegte strategische Maßnahmen' der Kinder aufzufassen, sondern laufen ‚automatisch' und ‚unbewußt' ab.

Es ist erstaunlich, wie sinnvoll die einzelnen Verhaltensschritte der neuen Kindergartenkinder aufeinander aufbauen und auf das Gelingen der Eingliederung ausgerichtet sind.

* * *

Das einschneidende Ereignis Kindergarten-Eintritt führt zu umfangreichen Veränderungen im Leben eines Kindes. So wird in der Regel zum ersten Mal die Beziehung zwischen Mutter und Kind auf die Probe gestellt. Daß diese Umstellungen als belastend erlebt werden, geht nicht nur aus den Beobachtungen der Erzieherinnen hervor, sondern läßt sich auch an den deutlichen Verhaltensänderungen der Kinder zu Hause ablesen.

Die unterschiedlichen Situationen (Kindergarten/daheim) bringen unterschiedliche Anforderungen und Erwartungen mit sich und verlangen dem Neuling ein unterschiedliches Verhalten ab. Während zum Beispiel die Kindergartensituation die volle Aufmerksamkeit der Kinder beansprucht, können sie in der vertrauten Umgebung zu Hause ihre Gefühle und Stimmungen eher ‚gefahrlos' äußern und sich ent-spannen.

Welche Verhaltensänderungen sich daheim auf den Kindergarten-Eintritt hin ergeben, beschreiben wir im folgenden.

2. Was passiert zu Hause in den ersten vier Wochen?

Die erste Woche: „Feierabend! – Gott sei Dank!" oder ‚der Wunsch nach Ruhe'

Die Verunsicherung, die der Kindergarten-Eintritt bei den Kindern auslöst, führt zunächst dazu, daß sie sich abkapseln und verschließen. Den Kindern geht es ähnlich wie den Erwachsenen nach arbeitsreichen und anstrengenden Tagen: Sie sehnen sich nach Ruhe und möchten abschalten und entspannen. So verwundert es nicht, daß die Kinder viele der *vor* dem Kindergarten-Eintritt gezeigten Aktivitäten verringern, um die verschiedenen neuen Eindrücke und Kindergartenerlebnisse verarbeiten zu können. Dabei sind sie nicht besonders mitteilsam: Sie wollen Abstand von den Ereignissen im Kindergarten, die sie stark mitgenommen haben. Die auffallende Zurückhaltung zu Hause erinnert an das vorsichtige Auftreten, das die Kinder in dieser Zeit im Kindergarten zeigen.

„Abkapselung"

Hinweise auf die beschriebene Zurückhaltung und Verschlossenheit sind:

‚Das Kind...'
- ○ ... versucht nicht von sich aus Kontakte mit anderen Kindern zu knüpfen.
- ○ ... erzählt von sich aus nicht von seinen Erlebnissen.
- ○ ... verzichtet auf Aktivitäten aus übermäßiger Angst vor körperlichen Verletzungen und/oder Schmutz.
- ○ ... zeigt anderen Kindern nicht, daß es sie gern hat.

Die zweite Woche: „Ich weiß nicht, was soll das bedeuten, daß ich so traurig bin..." oder ‚die innere Krise'

Die Auseinandersetzungen um soziale Anerkennung im Kindergarten führen auch zu Hause zu einer Krise. Ständig auf der Hut sein zu müssen und Konflikte mit wechselndem Erfolg auszutragen, macht mürrisch und gereizt. Die Kinder sind daheim unausgeglichen; ihre Stimmung kann von einer Minute auf die andere umschlagen. In diesen ‚unsicheren' Zeiten verstärkt sich einerseits das Bedürfnis nach Geborgenheit und Anlehnung, andrerseits kommt es jedoch auch – ähnlich wie im Kindergarten – zu ‚Durchsetzungsproben' und Machtkämpfen. Daran kann man die zwiespältigen Gefühle der Kinder in dieser kritischen Phase sehr gut erkennen.

Das kann ja heiter werden!

„Unausgeglichenheit"

In der zweiten Woche häufen sich zu Hause folgende Beobachtungen:

‚Das Kind . . .'
- ○ . . . wirkt unausgeglichen.
- ○ . . . versucht mit allen Mitteln Aufmerksamkeit auf sich zu lenken.
- ○ . . . läßt seine Eltern abends nicht ausgehen, ohne zu weinen (trotz vertrautem Babysitter, z. B. Oma).
- ○ . . . sagt zu allem ‚nein', d. h. will immer das Gegenteil oder widerspricht ständig.
- ○ . . . ist morgens müde und quengelig, auch wenn es rechtzeitig zu Bett geht.

Die dritte und vierte Woche: „Die Folgen der geschlagenen Schlacht" oder ‚Erschöpfung und Erholungsbedürfnis'

Wenn sich auch wieder langsam das vor dem Kindergarten-Eintritt gezeigte Verhalten der Kinder einstellt, so gilt das *nicht* für die körperliche Verfassung: Zu Hause mehren sich die Anzeichen körperlicher Erschöpfung. Das läßt darauf schließen, daß trotz fortschreitender Eingewöhnung im Kindergarten die Verarbeitung der ersten kritischen Wochen noch nicht abgeschlossen ist und die Belastung anhält.
Charakteristisch für die dritte und vierte Woche sind zum Beispiel folgende Verhaltensweisen:

‚Das Kind...'
○ ... ermüdet schnell.
○ ... versucht nicht, das Zubettgehen hinauszuzögern.
○ ... ist abends nicht überdreht.
○ ... wirkt geistesabwesend, als ob es nicht bei der Sache sei.

„Erschöpfung"

3. Wie hängt das Verhalten der Kinder im Kindergarten mit dem Verhalten zu Hause zusammen?

Bevor wir die beiden Situationen einander gegenüberstellen, ein paar Überlegungen vorab.

Grundsätzlich gehen wir davon aus, daß das Ereignis Kindergarten-Eintritt sowohl das Verhalten im Kindergarten als auch das zu Hause stark beeinflußt. Da es sich jedoch um zwei unterschiedliche Umwelten mit verschiedenen Spielregeln handelt, ergeben sich natürlich Unterschiede im Verhalten der Kinder – je nach Situation. Die Unterschiede im Verhalten der Kinder gehen zwar hauptsächlich auf das Konto der Unterschiedlichkeit der Situationen – jedoch nicht nur. Zusätzlich kommen noch Sachverhalte ins Spiel, die Wissenschaftlern bei der Suche nach Zusammenhängen fast immer Schwierigkeiten machen, weil sie die Ergebnisse in gewisser Weise verfälschen können. Zwei solche ‚Hürden' möchten wir Ihnen beispielhaft vorstellen:

(1) Im Kindergarten beobachteten Erzieher die Kinder, zu Hause war es jeweils die Mutter oder der Vater. Wenn zwei Personen *denselben* Sachverhalt beobachten, können sie trotzdem zu *verschiedenen* Ergebnissen kommen. Es ist also durchaus denkbar, daß ein kleiner Teil der festgestellten Verhaltensunterschiede durch die Unterschiedlichkeit der Informationsquellen (= Erzieher im Kindergarten / Eltern zu Hause) zustandegekommen ist.

(2) Es bedarf wohl keiner genaueren Erläuterung, daß sich das Verhältnis der Erzieherin zum Kindergartenneuling von dem der Eltern zu ihrem Kind grundsätzlich unterscheidet. Da die Eltern bei der Beobachtung ihres Kindes innerlich mehr beteiligt sind als die Erzieher, lassen sie sich unwillkürlich von ihren Wunschvorstellungen über das Kind leiten. Wie sehr diese Tatsache in die Ergebnisse miteinfließt, läßt sich nicht exakt bestimmen.

> Diese Wissenschaftler! Da soll einer noch durchblicken!

Da sich menschliches Verhalten (zum Glück!?!) nicht genau berechnen läßt wie die Tätigkeiten einer Maschine, sind die beiden Überlegungen immer zu berücksichtigen und im Hinterkopf zu behalten.

Bei unseren Ergebnissen können wir dennoch davon ausgehen, daß die grundlegenden Schritte des Eingliederungsprozesses in der beschriebenen Weise ablaufen:

	Kindergarten-Eintritt	Kindergarten	zu Hause
Dauer des Kindergartenbesuchs ↓		I. Orientierungsphase	I. Abkapselung/Rückzug
		II. Durchsetzungskrise	II. innere Krise
		III. besondere Maßnahmen	III. psychophysische Erschöpfung
		IV. Normalisierung	

Zu I.: Orientierungsphase – Abkapselung/Rückzug

Die jeweils erste Station des Eingliederungsprozesses ähnelt sich in den Situationen im Kindergarten und zu Hause: Die Kinder halten sich zurück und schränken ihre Aktivitäten ein. Die Neulinge sind zunächst mit der Aufnahme und Verarbeitung einer Flut von Informationen voll ausgelastet; es bleibt daher kaum noch Zeit und Kraft, Kontakte mit anderen Kindern im Kindergarten aufzunehmen bzw. sich daheim in gewohntem Umfang mit den Spielkameraden abzugeben.

Das auf den ersten Blick gleich erscheinende Verhalten der Kinder – Zurückhaltung und Abstand – dient also in jeder Situation einem anderen Zweck: im Kindergarten – der Informationsaufnahme; zu Hause – dem Abschalten und Entspannen.

Wir führen das Verhalten der Kinder daheim auf die Anstrengungen im Kindergarten zurück.

Zu II.: Durchsetzungskrise – innere Krise

Anders als bei Station I unterscheidet sich bei Station II des Eingliederungsprozesses das Verhalten der Kinder zu Hause von dem im Kindergarten. Trotz dieses Unterschiedes läßt sich eine Beziehung zwischen den beiden Situationen finden:

Die Unlust- und Unzufriedenheitsgefühle der Kinder, die in dieser Phase daheim vorherrschen, spiegeln die nervenaufreibenden Auseinandersetzungen um soziales Ansehen in der Kindergartengruppe wider. Oder anders ausgedrückt: Die Gemütsverfassung der Kinder zu Hause ist eine Folge der kritischen Durchsetzungsphase im Kindergarten.

Beiden Situationen gemeinsam ist der Krisencharakter.

Zu III. und IV.: Besondere Maßnahmen und Normalisierung – psychophysische Erschöpfung

Die wichtigsten und schwierigsten Stationen des Eingliederungsprozesses waren die beiden ersten. Ab Station III ent-

spannt sich die Lage merklich, d. h. die Neulinge gewöhnen sich zunehmend daran, in den Kindergarten zu gehen, und unterscheiden sich immer weniger von den ‚alten Hasen'.
Mit dem Umschwärmen beliebter Kinder – Station III im Kindergarten – versuchen die Neuen ihr soziales Ansehen in der Kindergartengruppe auszubauen. Trotz dieser ‚Feinarbeit' herrscht der Eindruck der Normalisierung vor, der sich bei Station IV im Kindergarten weiter verstärkt.
Auch *zu Hause* folgt den ersten beiden kritischen Stationen eine Zeit zunehmender Beruhigung – Station III. Die ‚Folgen der geschlagenen Schlacht' zeigen sich vor allem daheim, und zwar in Form von körperlicher Erschöpfung und geistigem Ausgelaugtsein. Ganz einfach gesagt: ‚Die Luft ist raus.'
Warum sind die Kinder zu dieser Zeit nicht auch im Kindergarten erschöpft? Vermutlich sind die Kinder morgens im Kindergarten noch ausgeruht und fit, während sie nachmittags zu Hause müde und ‚geschafft vom Kindergarten' wirken.

* * *

Bei der Darstellung und dem Vergleich der einzelnen Eingliederungsschritte haben wir gesehen, wie sinnvoll diese ‚Schritt-für-Schritt-Strategie' der Kinder ist; sie führt bei der Mehrheit der Neulinge zu einer geglückten Eingliederung.

Mit dem Eintritt in den Kindergarten sehen sich die Kinder einer Unmenge von Aufgaben gegenüber, die alle gleichzeitig an sie gestellt werden. So werden die Anforderungen von den Neulingen gleichsam ‚automatisch' zeitlich auseinandergezogen und dadurch die Belastung ‚dosiert'. Welche Aufgabe die Kinder zuerst in Angriff nehmen, ergibt sich nicht zufällig, sondern richtet sich nach Dringlichkeit und logischen Gesichtspunkten: Solange man Spielregeln nicht kennt, kann man sie nicht anwenden.

Die Dosierung als ‚eingebaute Kurzschlußsicherung vor dem Zusammenbruch' ist deshalb so not-wendig, weil die Kinder während des Kindergartenaufenthalts nicht einfach nach Hause gehen können, wenn ihnen danach zumute ist. Es bleibt ihnen in der Regel nichts anderes übrig, als diese schwierige Situation durchzustehen.

II. Welche Zusammenhänge lassen sich zwischen dem Kindergarten-Eintritt und der bisherigen Lebenssituation der Kinder erkennen?

Im vorangegangenen Kapitel wird deutlich, wie die Kinder üblicherweise reagieren, wenn sie in den Kindergarten kommen, und welche Bedeutung die verschiedenen Stationen für die Eingliederung haben.
Es gibt jedoch Umstände, die den Neulingen den Eintritt in den Kindergarten erleichtern bzw. erschweren. Von solchen Bedingungen soll im folgenden Kapitel die Rede sein.

1. Welche Bedingungen erleichtern den Übergang von der Familie zum Kindergarten?

Aus den vielen denkbaren Möglichkeiten haben wir uns drei Gebiete näher angeschaut, die sich nach unseren Erwartungen günstig auf die kindliche Entwicklung nach dem Kindergarten-Eintritt auswirken sollten.

A) Vorhandensein einer sicheren Ausgangsbasis

Darunter wird zum Beispiel die Anwesenheit einer vertrauten Person oder eines vertrauten Gegenstands in einer fremden Situation verstanden, die die Verunsicherung und Angst in der ungewohnten Lage verringert.

B) Vorbereitung der Kinder auf den Kindergarten

Zum Beispiel Kennenlernen des Personals und der Kindergartenräumlichkeiten *vor* dem regelmäßigen Kindergartenbesuch.

C) Informative Vorbereitung der Eltern auf den Kindergartenbesuch ihres Kindes

Zum Beispiel Erkundigungen der Eltern über den Kindergartenalltag, so daß sie ihrem Kind das Kindergartengeschehen angemessen und wirklichkeitsgetreu darstellen können.

So eindeutig, wie wir uns die Ergebnisse vorgestellt hatten, waren sie allerdings nicht. Es zeigten sich sowohl erleichternde als auch eher belastungsverstärkende Auswirkungen, auf die wir nun eingehen.

Zu A) Vorhandensein einer sicheren Ausgangsbasis

Bei der Umstellung auf den Kindergarten scheint es den Neuen zu helfen, wenn sie Kinder kennen, die schon im Kindergarten sind (zum Beispiel Nachbarskinder, Geschwister). Woran kann das liegen?
Die fremde Umgebung führt dazu, daß sich die Neulinge die ihnen bekannten und vertrauten ‚alten Hasen' zum Vorbild nehmen. Im Schlepptau dieser Kinder müssen sich die Neuen nicht erst mühsam die wichtigsten Informationen selbst zusammensuchen. Sie können sich direkt an die erfahreneren Kindergartenkinder wenden, die ihnen vormachen, wie man sich im Kindergarten verhält. Die bekannten Kinder scheinen also geeignete ‚Modell-Personen' zur Bewältigung der neuen Situation darzustellen.
Die Tatsache, Kinder zu kennen, die ebenfalls neu in den Kindergarten kommen, schwächt die Belastungen bei Kindergarten-Eintritt dagegen *nicht* ab. Warum?
Wiederum führt die fremde Situation dazu, daß sich die Neuen ein bekanntes Kind zum Vorbild nehmen. Damit ist ihnen in diesem Fall jedoch *nicht* geholfen. Die Angst und Unsicherheit eines bekannten anderen Neulings ‚beweist' ihnen geradezu, wie gefährlich und bedrohlich die momentane Situation ist. Ihre eigenen Zweifel und Ängste scheinen also durchaus berechtigt und verstärken sich erst recht: Die einander bekannten Neulinge verunsichern sich daher gegenseitig.

Zu B) Vorbereitung der Kinder auf den Kindergarten

Wenn die Eltern mit ihrem Kind bereits vor dem offiziellen Kindergartenbeginn probeweise am Kindergartengeschehen teilnehmen (mindestens 30 Minuten), können sie dadurch ihrem Kind den Übergang erleichtern. Abgesehen von der Besuchsdauer hängt die Wirkung dieser Vorbereitungsmaßnahme auch von der Häufigkeit und Gestaltung dieser Probebesuche ab. Es spielt zum Beispiel eine wesentliche Rolle, ob die Mutter

die ganze Besuchszeit anwesend ist oder nicht, denn das Kind muß schrittweise lernen, ohne die Mutter auszukommen.
Die Probebesuche vermitteln dem Kind erste Eindrücke. Es kann bereits wichtige Informationen sammeln, hat jedoch noch die Möglichkeit, den Kindergarten dann zu verlassen, wenn ihm danach zumute ist. Mit der zeitweiligen Teilnahme am Kindergartengeschehen bieten die Eltern ihrem Kind die Gelegenheit, Erwartungen und Anforderungen, die bei regulärem Kindergartenbesuch auf es zukommen, in groben Zügen einzuschätzen. Dadurch gewinnt das Kind an Sicherheit, was sich auf den gesamten Eingliederungsprozeß günstig auswirkt.
Durch eine ‚einmalige Begutachtung' der Kindergartenräumlichkeiten verliert das Kind jedoch nichts von seiner Unsicherheit der Kindergartensituation gegenüber.

Zu C) Informative Vorbereitung der Eltern auf den Kindergartenbesuch ihres Kindes

In unserer Untersuchung haben wir festgestellt, daß diejenigen Kinder sich mit dem Kindergarten-Eintritt leichter tun, deren Eltern sich über Lektüre (Fachzeitschriften, z. B. ‚Eltern', Bücher zum Thema ‚Kindergarten') auf den neuen Lebensabschnitt ihres Kindes vorbereitet haben.
Als Erklärung dafür haben wir uns folgendes überlegt: Wenn Eltern sich auf diese Weise informieren, können sie ihren Kindern wirklichkeitsnahe Informationen weitergeben. So wissen die Kinder schon vor Kindergarten-Eintritt, woran sie sind, und können sich entsprechend darauf einstellen.
Ein entscheidender Vorteil bei der Information durch Bücher liegt darin, daß ihnen Kenntnisse über sehr viele unterschiedliche Kindergartenkinder zugrundeliegen.
Stützen Eltern sich jedoch ausschließlich auf Auskünfte und Kindergartenerfahrungen anderer Eltern, so besteht die Gefahr, ‚einseitige' und für das eigene Kind nicht zutreffende Informationen zu erhalten und entsprechende Maßnahmen zu ergreifen. In einem solchen Fall bekommen die Kinder falsche Vorstellungen: Die Tatsache, daß ein großer Unterschied be-

steht zwischen dem, was einem gesagt wird (= Erwartungen), und dem, was man dann tatsächlich vorfindet (= Wirklichkeit), stellt eine zusätzliche Belastung dar und muß erst verkraftet werden.

Da hab ich auch so meine Erfahrungen!

2. Welche Umstände können die Umstellung auf den Kindergarten erschweren?

Ein weiteres Ziel der Untersuchung bestand darin, festzustellen, ob die Belastungen bei Kindergarten-Eintritt durch bestimmte Umstände im familiären Umfeld der Neulinge eher noch verstärkt werden. Zu diesem Zweck betrachteten wir folgende sieben Bereiche:

1. Familienstruktur (z. B. Anzahl der Geschwister)
2. Konstitution der Kinder, d. h. körperliche Verfassung der Neulinge
3. Erzieherische Praxis (z. B. inkonsequentes Erziehungsverhalten)
4. Soziographische Daten (z. B. Berufstätigkeit der Mutter)
5. Besondere Lebensereignisse (z. B. längerer Krankenhausaufenthalt)
6. Angst des Kindes vor dem Kindergarten
7. Dauer des täglichen Kindergartenbesuchs

Wir kommen im folgenden auf die wichtigsten Ergebnisse dazu zu sprechen.

○ Man könnte erwarten, daß sich *Geschwisterkinder* beim Kindergarten-Eintritt leichter tun als *Einzelkinder*, da sie zum Beispiel die Erfahrung gemacht haben, die Bezugspersonen mit anderen teilen zu müssen.
Nach den Ergebnissen zu schließen, scheint eher das Gegenteil der Fall zu sein. Warum sich die Geschwisterkinder offensichtlich schwerer tun, kann verschiedene Gründe haben:

a) Je nachdem, ob der Neuling das jüngere oder ältere Geschwister ist, kommen unterschiedliche zusätzliche Probleme beim Kindergarten-Eintritt auf ihn zu.
Hat der dreijährige Neuling erst seit kurzer Zeit ein jünge-

res Geschwisterchen, fühlt er sich vielleicht mit dem Kindergarten-Eintritt gänzlich ins Abseits gedrängt.
Ist er selbst das jüngere/jüngste von den Geschwistern, so muß er beim Kindergarten-Eintritt möglicherweise erstmals auf die gewohnte Unterstützung der älteren Geschwister verzichten.
b) Denkbar ist auch, daß Eltern von Einzelkindern fehlende Geschwister durch frühe und intensive Kontakte zu Spielkameraden auszugleichen versuchen, so daß Einzelkinder im Umgang mit anderen Gleichaltrigen sogar mehr Erfahrung sammeln können als Geschwisterkinder.

○ Neulinge mit *geringer körperlicher Widerstandskraft* scheinen die Belastungen beim Kindergarten-Eintritt stärker zu erleben.
Zum einen deshalb, weil der mehrstündige Aufenthalt inmitten lärmender, tobender Kindergartenkinder körperlich anstrengt. Die Kinder machen schneller schlapp als die anderen, und es wird ihnen alles zuviel.

Zum andern ist die Wahrscheinlichkeit, sich im Kindergarten anzustecken und krank zu werden, doch recht hoch, so daß körperlich weniger widerstandsfähige Kinder öfter zu Hause bleiben müssen.
Wenn Kinder unregelmäßig in den Kindergarten gehen, haben sie natürlich mehr Schwierigkeiten, einen festen Platz in der Gruppe zu erlangen und dann auch zu behaupten.

○ Die Schwierigkeiten in der Übergangssituation scheinen größer zu sein, wenn sich die Eltern über das Notwendige hinaus (= Waschen, Anziehen, Essen etc.) *nur wenig* (= weniger als 60 Minuten am Tag) *mit ihren Kindern beschäftigen.*

○ Geben Eltern ihren Kindern *nicht die Möglichkeit, eigenständig ihre Umwelt zu erkunden* – auch wenn dies vielleicht mit kleinen Risiken (z. B. von einem 30 cm hohen Mäuerchen zu fallen) und Unannehmlichkeiten (z. B. Schmutz) verbunden ist –, so entwickeln die Kinder kein Zutrauen in die eigenen Fähigkeiten und erleben den Kindergarten-Eintritt in verstärktem Maß als belastend.
Diese Kinder können sich einfach nicht vorstellen, wie sie nun allein mit den Anforderungen und Erwartungen im Kindergarten zu Rande kommen sollen.
Eltern und Erzieher müssen in einem solchen Fall darauf gefaßt sein, daß sich die Kinder der Kindergartensituation auf irgendeine Weise entziehen wollen. Dies versuchen sie entweder durch lautstarken Protest oder dadurch, daß sie sich in eine Ecke verkriechen und ‚unsichtbar' machen.

○ *Inkonsequentes elterliches Erziehungsverhalten* führt bei Kindergarten-Eintritt zu einer zusätzlichen Belastung des Kindes.
Wenn beispielsweise ein ursprüngliches ‚Nein' durch lang anhaltendes Nörgeln und Betteln manchmal zu einem ‚Ja' wird und manchmal ein ‚Nein' bleibt, weiß das Kind nicht, was nun eigentlich erlaubt ist und was nicht. Es vermißt dann eindeutige Verhaltensregeln und ist daher schon vor Kindergarten-Eintritt unsicher, wie es sich verhalten soll.
Da mit dem Kindergarten-Eintritt zusätzlich neue Verhaltensnormen mit ins Spiel kommen, nimmt die sowieso schon vorhandene Verunsicherung des Kindes noch zu.

○ *Neulinge, deren Mütter ganztägig berufstätig sind,* müssen in der Regel auch ganztägig in den Kindergarten, vielleicht sogar über Mittag. Oftmals kommt zu dieser langen Auf-

enthaltsdauer dazu, daß die Kinder von heute auf morgen in den Kindergarten gehen müssen.
Die enorme Beanspruchung solcher Kinder macht vermehrte Eingliederungsschwierigkeiten wahrscheinlich.

○ *Kinder, die besondere negative Ereignisse* (z. B. die Scheidung der Eltern, einen längeren Krankenhausaufenthalt etc.) *durchgemacht haben*, haben in der Regel mit vermehrten Umstellungsproblemen beim Kindergarten-Eintritt zu kämpfen.
Sie sind aufgrund der früheren Ereignisse nicht etwa ‚abgehärtet', sondern reagieren im Gegenteil sehr empfindlich.
Nach solchen kritischen Erlebnissen ist das kindliche Ur-Vertrauen in die Bezugspersonen erschüttert, weil das Kind der Meinung ist, die Eltern hätten es im Stich gelassen.
Diese Kinder vermeiden daher – wenn irgend möglich – das Risiko, sich von der Mutter zu trennen, auch wenn es sich nur um wenige Stunden handelt.
Es ist vor allem der zu frühe Zeitpunkt solcher schmerzlichen Erfahrungen, der die Probleme beim Kindergarten-Eintritt verstärkt.

○ *Kinder, die sich vor dem Kindergarten-Eintritt ängstigen*
und zunächst nicht dort hingehen wollen, kommen erstaunlicherweise nicht unbedingt schlechter mit dem Kindergarten-Eintritt zurecht als die anderen Kinder.
Die ängstlichen Neulinge scheinen beim Kindergarten-Eintritt festzustellen, daß ihre schlimmsten Befürchtungen nicht eintreffen, und sind darüber erleichtert.

Wer hätte das gedacht?!

○ Eltern, die ihr Kind *von Anfang an ganztags in den Kindergarten* geben, müssen damit rechnen, daß es vermehrt unter Umstellungsproblemen leidet.
Der ganztägige Kindergartenbesuch ist für einen Neuling wesentlich anstrengender als ein halbtägiger Kindergartenaufenthalt.

Von den genannten Ergebnissen lassen sich wertvolle Anhaltspunkte für unterstützende Maßnahmen beim Übergang von der Familie zum Kindergarten ableiten.
Es liegt in der Natur der Sache, daß den Eltern andere Mittel und Wege als den Erziehern zur Verfügung stehen, das Kind bei seinen eigenen Bemühungen um Eingliederung begleitend zu unterstützen.
Der besseren Übersicht wegen wollen wir die Hilfestellungen, die Eltern ihrem Kind zu Hause geben können, getrennt von denen der Erzieher im Kindergarten darstellen. In der Praxis jedoch läßt sich eine solche Abgrenzung natürlich nicht vornehmen, da die einzelnen Maßnahmen ineinandergreifen und sich jeweils ergänzen.

III. Womit können Eltern und Erzieher das Kind in seinen Eingliederungsbemühungen unterstützen?

Um die Bemühungen der Kinder erfolgreich unterstützen zu können, sollten sich Eltern und Erzieher in jedem Fall miteinander absprechen. Diese Zusammenarbeit ist vor allem zu Beginn des Kindergartenbesuchs äußerst wichtig, sollte jedoch über die ganze Kindergartenzeit hinweg beibehalten werden.
Wenn Eltern und Erzieher an *einem* Strang ziehen, ist es für *alle* Beteiligten von Vorteil: Das Kind, das im Lauf seines Kindergartenbesuchs auch zur Erzieherin ein Vertrauensverhältnis aufbaut, wird nicht ständig hin- und hergerissen zwischen dem, was die Eltern von ihm erwarten, und den Anforderungen der Erzieherin bzw. der Gruppe.
Falls irgendwelche Schwierigkeiten auftauchen, so können diese *gemeinsam* angegangen werden: Die Eltern, die ihr Kind in seinen Eigenarten und Besonderheiten besser kennen als die Erzieherin, können wichtige Hinweise im Umgang mit dem Kind geben. Das Kind steht vormittags oder ganztags unter der Obhut der Erzieherin. Da die Erzieherin das Kind in der Gruppe erlebt, kann sie den Eltern einen Einblick in wichtige – ihnen bislang vielleicht unbekannte – Persönlichkeitszüge ihres Kindes geben.

Tauschen Eltern und das Kindergartenpersonal ständig ihre Erfahrungen und Beobachtungen aus, so können rechtzeitig Lösungswege zur Zufriedenheit aller gefunden werden.

Es ist uns wichtig, daß die folgenden Möglichkeiten der Hilfestellung nicht als Kochrezepte nach dem Motto ‚Man nehme...' verstanden werden. Vielmehr stellen sie ein *Angebot* dar, das je nach Notwendigkeit verändert oder ergänzt werden kann.

1. Was können Erzieher im Kindergarten tun?

(1) Kontakt zu den Eltern

Es ist sinnvoll, die Zusammenarbeit zwischen Eltern und Erziehern nicht erst mit dem neuen Kindergartenjahr, sondern bereits vor den Sommerferien aufzunehmen.
Ein erster Kontakt zu den Eltern der Neulinge läßt sich beispielsweise über einen Eltern-Rundbrief herstellen. Wie ein solcher Brief aussehen könnte, können Sie dem Vorschlag im Anhang entnehmen (S. 56).

(2) Orientierung erleichtern

Die Neulinge versuchen bereits von sich aus, die Belastungen beim Kindergarten-Eintritt zu ‚dosieren', indem sie die Anforderungen zeitlich auseinanderziehen. Erst wenn die anfängliche Orientierung (Station I) abgeschlossen ist, erfolgt der nächste Schritt der Eingliederung (Station II).
Erzieher und Eltern müssen sich daher nicht beunruhigen, wenn die Neulinge zunächst scheinbar untätig in der Ecke stehen. Vielmehr können die Erzieher das unbewußte Vorgehen der Kinder unterstützen. So ist es zum Beispiel möglich, den Neuen durch gezielte Maßnahmen und Spiele (vergleiche auch den Anhang S. 57 ff) die Informationsaufnahme zu erleichtern und ihnen die wichtigsten Spielregeln und Verhaltensnormen zu vermitteln.
Ein weniger direkter Weg der Hilfestellung besteht im Schaffen von Lernsituationen, in denen die neuen Kinder als Beobachter durch das Verhalten der anderen die für sie wichtigen Informationen und Regeln lernen können.
Prinzipiell sollen Hilfestellungen den natürlichen, schrittweisen Ablauf der Eingliederung nicht stören.

(3) Rückzug ermöglichen

Die Anstrengungen und Erlebnisse im Kindergarten lassen die Neulinge schnell ermüden. Vor allem in den ersten Wochen des Kindergartenbesuchs sollte daher den Kindern immer wieder Gelegenheit gegeben werden, sich zurückzuziehen und zu erholen, wenn ihnen danach zumute ist.
Je nach Situation kann die Erzieherin ein ‚ruhiges' Spiel anbieten oder den erschöpften Neulingen vielleicht eine ‚Kuschelhöhle', ‚Erholungsecke' o. ä. einrichten.

(4) Geeignete ‚Modell-Personen' anbieten

Damit sich die Neulinge an den erfahrenen Kindergartenkindern orientieren und nicht an einem gleichfalls verunsicherten neuen Kind, ist es in der Regel günstiger, einander bekannte Neulinge *nicht* in dieselbe Gruppe zu stecken.
Gerade in einem solchen Fall erweist es sich als hilfreich, wenn die größeren Kinder ‚Patenschaften' für die ‚Kleinen' übernehmen. Auf diese Weise schlägt man zwei Fliegen mit einer Klappe: Die ‚Kleinen' kommen sich in der Obhut eines ‚Großen' nicht so einsam und verloren vor. Die ‚Großen' üben sich in Mitverantwortung und Rücksichtnahme auf schwächere Mitglieder der Kindergartengruppe.

(5) Brücke von der alten zur neuen Woche bauen

In Übereinstimmung mit den Erfahrungen von Erziehern konnten wir in unserer Untersuchung feststellen, daß die allmähliche Eingewöhnung der Neulinge durch das Wochenende unterbrochen wird. Nach zwei Tagen in der Familie fällt es den Neulingen am Anfang der Woche wieder etwas schwerer, sich in den Kindergartenalltag einzufinden.
Die Erzieher können versuchen, eine Brücke zu schlagen, indem sie zum Beispiel eine am Freitag begonnene Arbeit, die den Kindern Spaß macht, am Montag fortsetzen lassen. Dabei ist es

wichtig, daß die Erzieher bereits freitags mit den Kindern ausmachen, was sie montags unternehmen werden. Damit läßt sich vermeiden, daß die Kinder unschlüssig und ziellos herumlaufen und dem Wochenende nachtrauern.

(6) Elternarbeit zu aktuellen Erziehungsfragen

Nach unseren Erfahrungen wirkt sich ein Elternabend speziell für die Eltern der zukünftigen Kindergartenkinder günstig auf die Zusammenarbeit zwischen Eltern und Erzieher aus.
In einem solchen Gespräch – am besten noch im alten Kindergartenjahr – können allgemeine Fragen zum Kindergarten und/oder Fragen zur Vorbereitung auf den Kindergartenbesuch besprochen werden (siehe auch Anhang S. 56). Darüber hinaus haben Eltern Gelegenheit, sich persönlich kennenzulernen.
Auch später sind Elternabende sehr wichtig und hilfreich: Eltern erziehen ihre Kinder nach bestem Wissen und Gewissen. Bei diesem langjährigen und anstrengenden Unterfangen können sich unbemerkt Gewohnheiten einschleichen, die sich nachteilig auf das Verhältnis zwischen Eltern und Kind auswirken.
Als Außenstehende sind Erzieher gefühlsmäßig mit dem Kind nicht so verstrickt wie die Eltern und erkennen aus diesem Abstand heraus solche familiären Gewohnheiten meist recht gut. Oftmals können Schwierigkeiten in einem klärenden Gespräch aus dem Weg geräumt werden.
Diese Gespräche sind für Erzieher manchmal eine heikle Angelegenheit, zumal sie zum Wohl der Kinder auf eine längere, möglichst spannungsfreie Zusammenarbeit mit den Eltern angewiesen sind.

Zusammenarbeit macht Spaß! – aber wer verträgt schon Spaß!?

Wenn das jeweilige Thema auch für andere Eltern interessant und hilfreich ist, bietet sich die Möglichkeit, dazu einen Elternabend zu gestalten. Unabhängig von einem einzelnen Fall kann ein Referent als ‚unbeteiligte' Person zu einem bestimmten Thema wie z. B. Aggressivität oder Umgang mit Schimpfwörtern etc. informieren; Eltern und Erzieher können ihre Erfahrungen austauschen und gemeinsam mit dem Referenten nach Lösungswegen suchen.

2. Was können Eltern zu Hause tun?

Die Besonderheit des Kindergarten-Eintritts liegt vor allem darin, daß das Kind *mehreren* Anforderungen *gleichzeitig* ausgesetzt ist, und dies in der Regel zum allerersten Mal. Prinzipiell können Eltern ihrem Kind die Übergangssituation erleichtern, indem sie ihm die Möglichkeit geben, sich mit den einzelnen Anforderungen *nach und nach* auseinanderzusetzen und Vorerfahrungen zu sammeln.

(1) Trennung üben

Kurze Zeit ohne die Mutter auszukommen, kann schon *vor* Kindergarten-Eintritt geübt und gelernt werden. Gelegentliche Trennungen ermöglichen es dem Kind, Sicherheit darüber zu gewinnen, daß die Mutter es nicht im Stich läßt. Diese ersten Trennungserfahrungen wirken sich jedoch nur dann positiv aus, wenn die Eltern *jedesmal* zur vereinbarten Zeit wieder da sind.

Bei Kindergarten-Eintritt ist das Kind dann bereits an stundenweise Trennungen gewöhnt, so daß diese Tatsache kein Problem mehr ist. Es kann sich anderen wichtigen Dingen zuwenden.

Auch Müttern fällt es nicht leicht, sich von ihren Kindern für einen halben oder gar ganzen Tag zu trennen und sie in der Obhut einer ‚fremden' Person zurückzulassen.

Lange Abschiedsszenen zwischen Mutter und Kind tun beiden weh und nützen niemandem – im Gegenteil. Ein langer Abschied verunsichert das Kind, weil das sonderbare Verhalten der Mutter die eigenen Ängste schürt und bestätigt.
Erklären Sie deshalb ihrem Kind, wann Sie es abholen (pünktlich!). Zeigen Sie ihm, daß Sie sich auf das Wiedersehen freuen, verabschieden Sie sich jedoch ‚kurz und schmerzlos'.

(2) Umgang mit Kindern üben

Schon vor Kindergarten-Eintritt kann man den Kindern die Möglichkeit geben, mit Gleichaltrigen zusammenzusein und sich mit ihnen auseinanderzusetzen. Dies kann auf dem Spielplatz sein, in einer Krabbelstube (die oft vom Kindergarten organisiert wird) oder in einer Spielgruppe, die mehrere Mütter privat ins Leben rufen.
Die Kinder lernen bei dieser Gelegenheit gleichsam ‚spielend‘, welche Spielregeln in einer Gruppe herrschen und was passieren kann, wenn man sich nicht daran hält. Die so gemachten Gruppenerfahrungen erleichtern den Kindern den Übergang zum Kindergarten, weil Dinge wie zum Beispiel Kompromisse-Schließen, Warten- und Teilen-Müssen nicht mehr neu für sie sind.

(3) Bekanntmachen mit dem Kindergarten

Die Fremdheit der Kindergartensituation läßt sich durch mehrere Besuche schon vor dem eigentlichen (offiziellen) Kindergarten-Eintritts-Termin abschwächen.
Die Anwesenheit der Mutter bei den ersten Besuchen gibt dem Kind ein Gefühl der Sicherheit und ermutigt es so, Kontakte mit der Erzieherin und den anderen Kindern aufzunehmen und auf Entdeckungsreise zu gehen.
Auf diese Weise lernt es die Räumlichkeiten des Kindergartens kennen und erhält Einblick in den Kindergartenalltag. Solch ein ‚einschleichender‘ Kindergarten-Eintritt ist für die Neulinge

hilfreich und erleichtert zudem auch den Erziehern die Situation: Da die Neuen ihre ersten Kurzbesuche zu unterschiedlichen Zeitpunkten machen, sind nie alle auf einmal in der Gruppe anwesend. Die Unruhe in der Kindergartengruppe ist damit längst nicht so groß wie dann, wenn alle Neulinge gleichzeitig mit ihren Anfangsschwierigkeiten zu kämpfen haben und sich gegenseitig noch anstecken. –

Noch ein paar Tips zum ‚einschleichenden Kindergarten-Eintritt‘:

○ Eltern sollten sich bei den Erziehern erkundigen, ob es versicherungsrechtliche Hürden gibt, wenn man ein Kind bereits vor der vertraglichen Anmeldung ohne mütterliche Aufsicht kurzfristig im Kindergarten lassen will. Sollte dies der Fall sein, hilft vielleicht eine schriftliche Erklärung, in der auf Haftung und Regreß bei etwaigen Unfällen verzichtet wird.

○ Falls sich für die Mutter keine Möglichkeit findet, den Gruppenraum zeitweise zu verlassen, kann sie versuchen, sich zumindest in einer anderen Zimmerecke aufzuhalten. So signalisiert sie ihrem Kind, daß es etwas auf eigene Faust unternehmen soll, ohne die Mutter dabei ständig zu beachten.

○ Bei den ersten Besuchen ist es sinnvoll, von der Motivation der Kinder auszugehen, d. h. zunächst nur dann und so lange in den Kindergarten zu gehen, wie das Kind Lust hat. Um beim Kind jedoch nicht den Eindruck zu erwecken, es könne immer dann in den Kindergarten, wenn es ihm in den Sinn kommt, sollte man eine gewisse Regelmäßigkeit einführen. Man kann zum Beispiel mit dem Kind ausmachen, daß es einmal pro Woche den Kindergarten besucht; den jeweiligen Tag darf es selbst bestimmen. Dauer und Häufigkeit dieser Besuche sollten *behutsam* gesteigert werden.

(4) Rücksicht auf körperliche Belastbarkeit

Gerade die Anfangszeit im Kindergarten beansprucht die Kinder in hohem Maß. Der noch ungewohnte Kindergartenalltag läßt die Neulinge schnell ermüden und an die Grenzen ihrer Kräfte kommen.
Ein halbtägiger Kindergartenbesuch ist daher den Bedürfnissen und Möglichkeiten der Kinder angemessener als ein ganztägiger Kindergartenaufenthalt.
Unmittelbar nach dem Kindergartenbesuch braucht das Kind Zeit, sich zu erholen und abzuschalten. Größere Aktivitäten wie z. B. Großeinkauf, Stadtbummel, Spielplatzbesuch etc. sollten daher unterbleiben.
Dies gilt ganz besonders für die Kindergartenanfänger, die eine geringe körperliche Widerstandskraft haben. Um diese Kinder nicht unnötig zu strapazieren, kann man durch eine gezielte Vorbereitung auf den neuen Lebensabschnitt einen gewissen Ausgleich schaffen. Dabei kommt dem einschleichenden Kindergarten-Eintritt eine wichtige Aufgabe zu: Über diesen Weg läßt sich nämlich am ehesten abschätzen, ob das krankheitsanfällige Kind mit einem halbtägigen Kindergartenaufenthalt zurechtkommen wird oder ob beispielsweise eine generelle Verringerung der Stundenzahl angebracht ist.

(5) Vermeiden zusätzlicher Belastungen

Zumindest in der ersten kritischen Zeit der Umstellung sollten den Kindern nicht noch zusätzliche Anforderungen und schwerwiegende Veränderungen der Lebenssituation (z. B. Umzug, Geburt eines Geschwisters etc.) zugemutet werden.
In manchen Fällen ist es sicherlich günstig, den Kindergarten-Eintritt um einige Monate zu verschieben. Bei dieser Entscheidung spielen der Entwicklungsstand und das Alter des jeweiligen Kindes natürlich eine wesentliche Rolle.

IV. „Ende gut, alles gut?!" oder ‚die Bedeutung der Kindergartenzeit'

Der Kindergarten-Eintritt und die ganze Kindergartenzeit werden in ihrer Bedeutung unterschätzt und mehr oder weniger als ‚Durchgangsstadium' mit dem Ziel ‚Schule' betrachtet. Die Kindergartenzeit ist es jedoch wert, als eine wichtige und *eigenständige* Phase der sozialen Entwicklung bezeichnet zu werden. Obwohl sich viele Schwierigkeiten der Kinder bereits im Kindergarten anbahnen oder gar schon handfeste Probleme darstellen, werden sie erst in der Schulzeit ernst genommen, wo sie dann zum Beispiel in Lern- und Leistungsstörungen zum Ausdruck kommen. Oftmals wird verkannt, daß hinter solchen Lern- und Leistungsstörungen andere Probleme stecken.
Gerade die sozialen Erfahrungen, die das Kind im Kindergarten macht, bilden die Grundlage dafür, wie es sich in Zukunft mit einer Gruppe auseinandersetzt und welche Rolle es dabei einnimmt. So läßt sich bei Kindern, die im Kindergarten Schwierigkeiten haben und zum Außenseiter werden, immer wieder beobachten, daß sich dieses Problem wie ein roter Faden durch ihr Leben zieht. Die Rolle des Außenseiters haben sie meist auch in der Schule. Die damit verbundenen Schwierigkeiten beanspruchen die Kinder dermaßen, daß sie sich gar nicht mehr auf die Schule konzentrieren können. So führt eins zum andern.

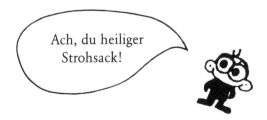

Daß bereits in der Kindergartenzeit viele Weichen für das weitere Leben gestellt werden, wird am Beispiel ‚Schulkarriere' deutlich. Wie wichtig diese ersten Erfahrungen im Kindergarten sind und welche Folgen sie haben können, ließe sich auch für viele andere Lebensbereiche aufzeigen. So prägen die Kindergartenerfahrungen auch die Entwicklung des Selbstvertrauens und der Selbstsicherheit und beeinflussen daher die Art und Weise, wie private und berufliche Beziehungen aufgebaut und geführt werden.

Ob die Kindergartenzeit zum soliden Fundament im Umgang mit anderen oder eher zur belastenden Hypothek für die weitere Entwicklung wird, hängt zum großen Teil von der erfolgreichen Bewältigung der Eingliederungsschwierigkeiten ab. Die ersten Auseinandersetzungen um einen möglichst hohen, sozial anerkannten Platz in der Kindergartengruppe entscheiden wesentlich mit, welche Grundeinstellung und Gefühle Kinder Gruppen gegenüber entwickeln: Die ersten Erfahrungen im Umgang mit einer Gleichaltrigen-Gruppe sind die am stärksten prägenden.

Als wir begannen, uns mit dem Thema Kindergarten-Eintritt zu beschäftigen, war uns zunächst nicht klar, daß wir uns auf wissenschaftliches Neuland begaben. Zu unserem Erstaunen mußten wir feststellen, daß bisher kaum ein Wissenschaftler dem Übergang von der Familie zum Kindergarten Beachtung geschenkt hatte.

Auf mögliche Ursachen dieser Forschungslücke möchten wir hier nicht eingehen. Uns ist es vielmehr wichtig, daß sich der Leser einmal in die Lage eines Kindergarten-Neulings hineinversetzt. So läßt sich erahnen, welch enorme Umstellung der

für Erwachsene so alltäglich und unwesentlich erscheinende Kindergarten-Eintritt für die Kinder selbst bedeutet:
Mit drei Jahren kommen die Kinder bei uns üblicherweise in den Kindergarten. Ihre bisherigen Lebenserfahrungen haben sie im Kreis der Familie gemacht. Sie mußten also noch nie zuvor ganz allein auf sich gestellt mit Anforderungen und Schwierigkeiten zurechtkommen. Mit dem Kindergarten-Eintritt, der ja der allererste Schritt in die Gesellschaft bedeutet, verändern sich nun sämtliche Lebensbereiche der Kinder; angefangen vom veränderten Tagesablauf über die Anwesenheit sehr vieler Kinder bis hin zum Akzeptieren einer fremden Person (Erzieherin) als Bezugsperson. Entgegen ihren bisherigen Erfahrungen und Gewohnheiten sind im Kindergarten jedes Spielzeug und jeder Platz ‚Allgemeingut'. Es gibt keine Sonderrechte. Jeder kann alles und jedes gleichermaßen beanspruchen – auch die Aufmerksamkeit der Erzieherin. Anders als zu Hause müssen die Kinder ihre Bedürfnisse und Wünsche so ausdrücken, daß auch ‚Nicht-Eingeweihte' verstehen können, was sie meinen. Oft zum erstenmal machen die Neulinge die Erfahrung, daß ihre Wünsche nicht prompt und sofort erfüllt werden – manchmal sogar überhaupt nicht! Die meisten Kindergarten-Anfänger können nicht verstehen, warum sie in einer zunächst so unangenehmen Situation allein gelassen werden...

An dieser Stelle wollen wir die Beschreibung aus der Sicht der Neulinge abbrechen. Es dürfte zur Genüge klargeworden sein, daß der Kindergarten-Eintritt als Beginn eines neuen Lebensabschnitts schwierig sein kann (nicht: sein muß) und daher Risiken in sich birgt.
Wenn man weiß, daß die Eingliederung in den Kindergarten auch danebengehen kann, erkennt man eher die Notwendigkeit, Hilfestellungen anzubieten. Das Wissen um die Prozesse und Zusammenhänge beim Kindergarten-Eintritt gibt uns die Möglichkeit, gezielt unterstützende Maßnahmen einzusetzen. Bei deren Anwendung auf ein bestimmtes Kind muß man folgendes berücksichtigen:

Obwohl sich das beschriebene charakteristische Muster der Eingliederung deutlich herauskristallisierte, bewältigt selbstverständlich jedes Kind den Kindergarten-Eintritt auf seine eigene Art und Weise.

Auch wenn die Reihenfolge der Eingliederungsstationen immer gleichbleibt, können die einzelnen Schritte zum Beispiel unterschiedlich lang dauern.

Bei dem einen Kind kann beispielsweise die Orientierungsphase sehr auffällig sein, während bei einem andern die Durchsetzungskrise besonders stark ausgeprägt ist.

Ähnliche Variationen lassen sich auch bei erschwerenden oder erleichternden Einflüssen aus dem familiären Lebensumfeld eines Kindergarten-Neulings feststellen.

Wie groß der Erfolg der unterstützenden Maßnahmen im einzelnen ist, hängt zum Beispiel ganz wesentlich vom jeweiligen Entwicklungsstand der Kinder und ihren Vorerfahrungen ab.

Es ist selbstverständlich, daß Hilfestellungen in den Bereichen angeboten werden müssen, wo dem Kind die nötige Erfahrung am meisten fehlt (z. B. kurzzeitige Trennungserfahrungen oder Umgang mit Gleichaltrigen etc.).

Weil sich gerade drei- bis sechsjährige Kinder in einer Entwicklungsphase befinden, in der die grundlegenden sozialen Fähigkeiten und Fertigkeiten aufgebaut werden, empfiehlt es sich, das Prinzip vorbeugender Maßnahmen während der *gesamten* Kindergartenzeit beizubehalten. Warum soll man mit dem Einsatz von Hilfestellungen so lange warten, bis das Kind ‚in den Brunnen gefallen' ist, zumal sich anbahnende Schwierigkeiten im Kindergartenalter noch verhältnismäßig schnell zu beheben sind.

In den meisten Fällen müssen Eltern und Erzieher mit Eingliederungsschwierigkeiten der Kinder rechnen. Der größte Teil der Neulinge überwindet diese Schwierigkeiten jedoch und fühlt sich im Kindergarten wohl.

Der Besuch des Kindergartens bedeutet Chance und Herausforderung zugleich: Kinder lernen, sich in einer Gruppe zu bewegen und ihre Interessen und Wünsche angemessen durchzusetzen. Sie werden selbständiger, unabhängiger und entwik-

keln Selbstvertrauen. Sie lernen zu teilen und Spielregeln in einer Gruppe einzuhalten. Sie erfahren, was es heißt, Freundschaften zu schließen, und lernen, wie man Enttäuschungen verkraften kann.
Daher sind wir der Meinung, daß Kinder auf jeden Fall Erfahrungen im Kindergarten sammeln sollten.

* * * *

PS.: Bewahren Sie dieses Büchlein auf, denn das Grundmuster der Eingliederungsprozesse in eine Gruppe – Orientierung/Durchsetzung/Normalisierung/Erschöpfung – wird Ihnen beim Schuleintritt Ihres Kindes in ähnlicher Form wohl wieder begegnen.

ANHANG

Vorschlag für einen Elternbrief

Ein solcher Brief soll die Eltern so früh wie möglich erreichen, spätestens bei der Anmeldung:

Sehr geehrte Frau..., sehr geehrter Herr...,
Sie haben sich entschieden, Ihr Kind in den Kindergarten zu geben. Dies bedeutet nicht nur für Ihr Kind eine große Umstellung, sondern auch für Sie als Eltern.
Wir laden Sie daher herzlich ein, an dem Elternabend am... um... Uhr teilzunehmen, den wir ausschließlich für die Eltern der zukünftigen Kindergartenkinder gestalten.
An diesem Abend werden sich die Erzieher vorstellen und Ihnen die Ziele, Methoden und Möglichkeiten der Kindergartenarbeit erläutern. Sie selbst haben die Gelegenheit, die Räumlichkeiten zu inspizieren und sich über den Kindergartenalltag zu informieren. Auch organisatorische Fragen werden zur Sprache kommen.
Darüberhinaus wollen wir Ihnen zu Fragen Auskunft geben, die für Sie von besonderem Interesse sein dürften:
– Wie kann ich feststellen, ob mein Kind ‚kindergartenreif' ist?
– Wie kann ich mein Kind auf den Kindergartenbesuch vorbereiten?
– Womit muß ich zu Beginn des Kindergartenbesuchs rechnen?
Die Teilnahme an diesem Elternabend bietet Ihnen gleichzeitig die Möglichkeit, sich mit den Eltern anderer Neulinge auszutauschen. Sie können feststellen, wer in Ihrer Nachbarschaft wohnt, und z. B. Fahrgemeinschaften organisieren.

Wir erwarten Sie also am... um... Uhr und freuen uns darauf, Sie kennenzulernen.

Mit freundlichen Grüßen

Das „Wo-ist-was-Spiel"
für die erste Kindergartenwoche

Die Kinder sitzen im Kreis. „Memory"-Kärtchen werden so verteilt, daß jeweils ein Neuling und ein erfahrenes Kindergartenkind ein Paar bilden.
In eine Geschichte eingebettet, stellt die Erzieherin jedem Pärchen drei Aufgaben, zum Beispiel:

1) Findet die Küche und bringt von dort einen Löffel mit!
2) Findet den Waschraum und bringt von dort ein Stück Klopapier mit!
3) Findet den Turnraum und bringt von dort einen Ball mit!

Als Gedächtnisstütze kann man den Kindern Bildkarten mit einem Löffel, einer Klopapierrolle und einem Ball mitgeben.

Vorschlag für eine Rahmengeschichte:
Ein König verspricht seinen beiden Kindern einen Schatz, wenn sie drei Aufgaben erfüllen (siehe oben). Der Schatz kann zum Beispiel ein Bonbon sein.

Puppentheater: ‚Der Kasper will in den Kindergarten'

Der folgende Vorschlag stammt aus dem für Erzieher und Eltern empfehlenswerten Buch von
Rose Götte: Sprache und Spiel im Kindergarten. Handbuch zur Sprach- und Spielförderung mit Jahresprogramm und Anleitungen für die Praxis. Beltz Verlag, Weinheim 1984⁵.
Der Kasper hat eine Kindergartentasche umgehängt und singt (Melodie: Dornröschen war ein schönes Kind): Heut geh ich in den Kindergarten, Kindergarten, Kindergarten, ich kann es wirklich kaum erwarten, kaum erwarten!
Der Kasper erzählt, daß er auf dem Weg zum Kindergarten sei, aber den Weg nicht wisse.
(Ältere Frau taucht auf) Der Kasper beschließt, die Frau nach dem Weg zum Kindergarten zu fragen:
Guten Tag, können Sie mir sagen, wo der Kindergarten ist?
Frau: Wo der Gemüsegarten ist?
Kasper: Nein, der Kindergarten!
Frau: Sag ich ja: Gemüsegarten. Weiß ich. Komm, ich zeig dir den Weg. (Die beiden laufen hintereinander her.)
Frau: So, da sind wir. Hier wachsen die Tomaten, hier der Blumenkohl, dort drüben die Kohlräbchen...
Kasper: Ich möchte doch nicht in den Gemüsegarten, sondern in den Kindergarten! (Schreit der Frau ins Ohr:) Kin-der-gar-ten!
Frau: Ach so, Kindergarten! Das weiß ich leider nicht. Auf Wiedersehen.
(Älterer Mann taucht auf).
Kasper beschließt, ihn zu fragen. Aber auch dieser Mann hört schlecht, er versteht immer Tiergarten und führt Kasper in den Tiergarten.
Schließlich begegnet der Kasper einem Polizisten. Der erklärt ihm, wie man zum XY-Kindergarten kommt (die richtigen Straßennamen nennen!). Der Kasper wiederholt alles, macht Fehler, bittet die Kinder, ihm zu helfen.

Plötzlich kommen dem Kasper Bedenken: Was passiert eigentlich im Kindergarten? Er fragt die Kinder:
Wird man da verhauen?
Wenn man sich wehtut und wenn es blutet, kriegt man dann auch ein Pflästerchen auf die Wunde?
Kann man auch aufs Klo, wenn man muß?
Gibt es da auch Bilderbücher? Puppen? Autos?
Lassen mich denn die größeren Kinder auch mitspielen?
Holen die Mütter oder Väter die Kinder auch ganz bestimmt wieder ab?
Kriegt man auch was zu trinken, wenn man Durst hat?
Kann man auch lachen?
Kann man auch singen? Was zum Beispiel?
An dieser Stelle taucht die Erzieherin hinter der Kasperbühne auf und spricht selbst mit dem Kasper auf der Hand: Sie erzählt ihm, daß die Kinder ganz tolle Lieder gelernt hätten, und fordert die Kinder auf, das dem Kasper zu beweisen. Es wird nun gemeinsam ein Lied gesungen.

* * *

Pädagogische Hilfen für Eltern und Erzieher

Irmgard Haas
Andere Kinder dürfen alles
Praktische Ratschläge für die Erziehung von 3 - 11
Ungemein lebendige, leicht verständliche praktische Anregungen aus reicher psychotherapeutischer Erfahrung, wie Eltern und Erzieher ein Kind zu einem lebensfrohen, selbstsicheren und vor allem liebevollen Menschen erziehen können.

4. Aufl., 196 Seiten, kartoniert, ISBN 3-7698-0627-1

Maria Caiati/Svjetlana Delač/Angelika Müller
Freispiel - Freies Spiel?
Erfahrungen und Impulse
Lernen Kinder wirklich nichts, wenn sie „nur" spielen? Ist Freispiel nur ein Restposten, bis die „richtige" Arbeit stattfinden kann? Die Verfasserinnen erarbeiten aus der praktischen Erfahrung heraus ein anderes Verständnis von freiem Spiel und zeigen anhand vieler Beispiele die Methodik einer Erziehung auf, die Kreativität und soziales Verhalten im pädagogischen Alltag fördert.

8. Aufl., 124 Seiten, zahlr. Abb., kartoniert, ISBN 3-7698-0520-8

Elisabeth Wagner
Quacki, der kleine freche Frosch
37 lustige Klanggeschichten
für Kinder von 3 - 8

Keine Angst! Sie müssen kein Musikgenie sein, um diese Klanggeschichten mit Kindern musizieren zu können. Eine einfache grafische Notation für Körper- und Orffinstrumente macht das möglich. Die Geschichten aus der Welt der Tiere, der Natur und des Jahresablaufs sprechen Kinder ganzheitlich an.

9. Aufl., 80 Seiten, zahlr. Zeichnungen, kartoniert, ISBN 3-7698-0622-0

DBV
DON BOSCO VERLAG
Sieboldstraße 11
81669 München

Zu beziehen durch jede Buchhandlung!